# Academic Planner
# 2018-2019

www.amazon.com/author/prettyplanners
**Follow us on Instagram: @myprettyplanners**

Academic Planner 2018-2019

ISBN-13: 978-1725531123
ISBN-10: 1725531127

# ABOUT Me

## MY INFORMATION

Name

School

Major

## MY INTERNSHIPS

Company Name

Job Title

Work Schedule

## MY EXTRACURRICULARS

Clubs

Organziations

Sports

Volunteer

## MY SOCIAL ACTIVITIES

# 2018-2019

TWO THOUSAND EIGHTEEN & NINETEEN

## AUGUST 2018

| S | M | T | W | T | F | S |
|---|---|---|---|---|---|---|
|  |  |  | 1 | 2 | 3 | 4 |
| 5 | 6 | 7 | 8 | 9 | 10 | 11 |
| 12 | 13 | 14 | 15 | 16 | 17 | 18 |
| 19 | 20 | 21 | 22 | 23 | 24 | 25 |
| 26 | 27 | 28 | 29 | 30 | 31 |  |

## SEPTEMBER 2018

| S | M | T | W | T | F | S |
|---|---|---|---|---|---|---|
|  |  |  |  |  |  | 1 |
| 2 | 3 | 4 | 5 | 6 | 7 | 8 |
| 9 | 10 | 11 | 12 | 13 | 14 | 15 |
| 16 | 17 | 18 | 19 | 20 | 21 | 22 |
| 23 30 | 24 | 25 | 26 | 27 | 28 | 29 |

## OCTOBER 2018

| S | M | T | W | T | F | S |
|---|---|---|---|---|---|---|
|  | 1 | 2 | 3 | 4 | 5 | 6 |
| 7 | 8 | 9 | 10 | 11 | 12 | 13 |
| 14 | 15 | 16 | 17 | 18 | 19 | 20 |
| 21 | 22 | 23 | 24 | 25 | 26 | 27 |
| 28 | 29 | 30 | 31 |  |  |  |

## NOVEMBER 2018

| S | M | T | W | T | F | S |
|---|---|---|---|---|---|---|
|  |  |  |  | 1 | 2 | 3 |
| 4 | 5 | 6 | 7 | 8 | 9 | 10 |
| 11 | 12 | 13 | 14 | 15 | 16 | 17 |
| 18 | 19 | 20 | 21 | 22 | 23 | 24 |
| 25 | 26 | 27 | 28 | 29 | 30 |  |

## DECEMBER 2018

| S | M | T | W | T | F | S |
|---|---|---|---|---|---|---|
|  |  |  |  |  |  | 1 |
| 2 | 3 | 4 | 5 | 6 | 7 | 8 |
| 9 | 10 | 11 | 12 | 13 | 14 | 15 |
| 16 | 17 | 18 | 19 | 20 | 21 | 22 |
| 23 30 | 24 31 | 25 | 26 | 27 | 28 | 29 |

## JANUARY 2019

| S | M | T | W | T | F | S |
|---|---|---|---|---|---|---|
|  |  | 1 | 2 | 3 | 4 | 5 |
| 6 | 7 | 8 | 9 | 10 | 11 | 12 |
| 13 | 14 | 15 | 16 | 17 | 18 | 19 |
| 20 | 21 | 22 | 23 | 24 | 25 | 26 |
| 27 | 28 | 29 | 30 | 31 |  |  |

## FEBRUARY 2019

| S | M | T | W | T | F | S |
|---|---|---|---|---|---|---|
|  |  |  |  |  | 1 | 2 |
| 3 | 4 | 5 | 6 | 7 | 8 | 9 |
| 10 | 11 | 12 | 13 | 14 | 15 | 16 |
| 17 | 18 | 19 | 20 | 21 | 22 | 23 |
| 24 | 25 | 26 | 27 | 28 |  |  |

## MARCH 2019

| S | M | T | W | T | F | S |
|---|---|---|---|---|---|---|
|  |  |  |  |  | 1 | 2 |
| 3 | 4 | 5 | 6 | 7 | 8 | 9 |
| 10 | 11 | 12 | 13 | 14 | 15 | 16 |
| 17 | 18 | 19 | 20 | 21 | 22 | 23 |
| 24 31 | 25 | 26 | 27 | 28 | 29 | 30 |

## APRIL 2019

| S | M | T | W | T | F | S |
|---|---|---|---|---|---|---|
|  | 1 | 2 | 3 | 4 | 5 | 6 |
| 7 | 8 | 9 | 10 | 11 | 12 | 13 |
| 14 | 15 | 16 | 17 | 18 | 19 | 20 |
| 21 | 22 | 23 | 24 | 25 | 26 | 27 |
| 28 | 29 | 30 |  |  |  |  |

## MAY 2019

| S | M | T | W | T | F | S |
|---|---|---|---|---|---|---|
|  |  |  | 1 | 2 | 3 | 4 |
| 5 | 6 | 7 | 8 | 9 | 10 | 11 |
| 12 | 13 | 14 | 15 | 16 | 17 | 18 |
| 19 | 20 | 21 | 22 | 23 | 24 | 25 |
| 26 | 27 | 28 | 29 | 30 | 31 |  |

## JUNE 2019

| S | M | T | W | T | F | S |
|---|---|---|---|---|---|---|
|  |  |  |  |  |  | 1 |
| 2 | 3 | 4 | 5 | 6 | 7 | 8 |
| 9 | 10 | 11 | 12 | 13 | 14 | 15 |
| 16 | 17 | 18 | 19 | 20 | 21 | 22 |
| 23 30 | 24 | 25 | 26 | 27 | 28 | 29 |

## JULY 2019

| S | M | T | W | T | F | S |
|---|---|---|---|---|---|---|
|  | 1 | 2 | 3 | 4 | 5 | 6 |
| 7 | 8 | 9 | 10 | 11 | 12 | 13 |
| 14 | 15 | 16 | 17 | 18 | 19 | 20 |
| 21 | 22 | 23 | 24 | 25 | 26 | 27 |
| 28 | 29 | 30 | 31 |  |  |  |

# weekly schedule

| | SUN | MON | TUE | WED | THU | FRI | SAT |
|---|---|---|---|---|---|---|---|
| 7:00 AM | | | | | | | |
| 8:00 AM | | | | | | | |
| 9:00 AM | | | | | | | |
| 10:00 AM | | | | | | | |
| 11:00 AM | | | | | | | |
| 12:00 PM | | | | | | | |
| 1:00 PM | | | | | | | |
| 2:00 PM | | | | | | | |
| 3:00 PM | | | | | | | |
| 4:00 PM | | | | | | | |
| 5:00 PM | | | | | | | |
| 6:00 PM | | | | | | | |
| 7:00 PM | | | | | | | |
| 8:00 PM | | | | | | | |

# study buddies

**NAME:**

Class
Cell
Email
Snapchat

**NAME:**

Class
Cell
Email
Snapchat

**NAME:**

Class
Cell
Email
Snapchat

**NAME:**

Class
Cell
Email
Snapchat

**NAME:**

Class
Cell
Email
Snapchat

**NAME:**

Class
Cell
Email
Snapchat

**NAME:**

Class
Cell
Email
Snapchat

**NAME:**

Class
Cell
Email
Snapchat

# class assignments

| Date | Assignment | Status |
|------|------------|--------|
|      |            |        |
|      |            |        |
|      |            |        |
|      |            |        |
|      |            |        |
|      |            |        |
|      |            |        |
|      |            |        |
|      |            |        |
|      |            |        |
|      |            |        |
|      |            |        |
|      |            |        |
|      |            |        |
|      |            |        |
|      |            |        |
|      |            |        |
|      |            |        |
|      |            |        |
|      |            |        |
|      |            |        |
|      |            |        |
|      |            |        |
|      |            |        |
|      |            |        |
|      |            |        |
|      |            |        |
|      |            |        |

# **class** assignments

| Date | Assignment | Status |
|------|-----------|--------|
|      |           |        |
|      |           |        |
|      |           |        |
|      |           |        |
|      |           |        |
|      |           |        |
|      |           |        |
|      |           |        |
|      |           |        |
|      |           |        |
|      |           |        |
|      |           |        |
|      |           |        |
|      |           |        |
|      |           |        |
|      |           |        |
|      |           |        |
|      |           |        |
|      |           |        |
|      |           |        |
|      |           |        |
|      |           |        |
|      |           |        |
|      |           |        |
|      |           |        |
|      |           |        |
|      |           |        |
|      |           |        |
|      |           |        |
|      |           |        |

# group projects

Class

## Assignment Details

## Resources

## Team Meeting Dates & Times

| Project Team Names | Contact Info | Assignment Responsibility | Due Date |
|---|---|---|---|
| 1. | | | |
| 2. | | | |
| 3. | | | |
| 4. | | | |
| 5. | | | |
| 6. | | | |

# group projects

Class

✓

### Assignment Details

### Resources

### Team Meeting Dates & Times

| Project Team Names | Contact Info | Assignment Responsibility | Due Date |
|---|---|---|---|
| 1. | | | |
| 2. | | | |
| 3. | | | |
| 4. | | | |
| 5. | | | |
| 6. | | | |

# grade tracker

| Assignment | Quiz | Paper |Attendance | Project | Test | Grade | Curve | Final |
|---|---|---|---|---|---|
| | | |
| | | |
| | | |
| | | |
| | | |
| | | |
| | | |
| | | |
| | | |
| | | |
| | | |
| | | |
| | | |
| | | |
| | | |
| | | |
| | | |

# grade tracker

| Assignment \| Quiz \| Paper \|Attendance \| Project \| Test | Grade | Curve | Final |
|---|---|---|---|
| | | | |
| | | | |
| | | | |
| | | | |
| | | | |
| | | | |
| | | | |
| | | | |
| | | | |
| | | | |
| | | | |
| | | | |
| | | | |
| | | | |
| | | | |
| | | | |
| | | | |
| | | | |
| | | | |

# grade tracker

| Assignment \| Quiz \| Paper \|Attendance \| Project \| Test | Grade | Curve | Final |
|---|---|---|---|
| | | | |
| | | | |
| | | | |
| | | | |
| | | | |
| | | | |
| | | | |
| | | | |
| | | | |
| | | | |
| | | | |
| | | | |
| | | | |
| | | | |
| | | | |
| | | | |
| | | | |
| | | | |
| | | | |

# important dates

| AUGUST | SEPTEMBER | OCTOBER |
|---|---|---|
| | | |

| NOVEMBER | DECEMBER | JANUARY |
|---|---|---|
| | | |

| FEBRUARY | MARCH | APRIL |
|---|---|---|
| | | |

| MAY | JUNE | JULY |
|---|---|---|
| | | |

| SUNDAY | MONDAY | TUESDAY | WEDNESDAY |
|--------|--------|---------|-----------|
|        |        |         | 1         |
| 5      | 6      | 7       | 8         |
| 12     | 13     | 14      | 15        |
| 19     | 20     | 21      | 22        |
| 26     | 27     | 28      | 29        |

| THURSDAY | FRIDAY | SATURDAY |
|---|---|---|
| 2 | 3 | 4 |
| 9 | 10 | 11 |
| 16 | 17 | 18 |
| 23 | 24 | 25 |
| 30 | 31 | |

# August
# 2018

## EVENTS

## GOALS

AUGUST 2018

| S | M | T | W | T | F | S |
|---|---|---|---|---|---|---|
| | | | 1 | 2 | 3 | 4 |
| 5 | 6 | 7 | 8 | 9 | 10 | 11 |
| 12 | 13 | 14 | 15 | 16 | 17 | 18 |
| 19 | 20 | 21 | 22 | 23 | 24 | 25 |
| 26 | 27 | 28 | 29 | 30 | 31 | |

1

| SUNDAY | MONDAY | TUESDAY | WEDNESDAY |
|---|---|---|---|
| 8am | | | |
| 9am | | | |
| 10am | | | |
| 11am | | | |
| 12pm | | | |
| 1pm | | | |
| 2pm | | | |
| 3pm | | | |
| 4pm | | | |
| 5pm | | | |
| 6pm | | | |
| 7pm | | | |
| Assignments | Tests | Papers | Projects |

Weekly Goals

| 2 | 3 | 4 | August |
|---|---|---|---|

## 2018

**TO DO LIST**

8am

9am

10am

11am

12pm

1pm

2pm

3pm

4pm

5pm

6pm

7pm

Meetings

Dates

Fun

Rewards For Meeting Weekly Goals

### AUGUST 2018

| S | M | T | W | T | F | S |
|---|---|---|---|---|---|---|
|  |  |  | 1 | 2 | 3 | 4 |
| 5 | 6 | 7 | 8 | 9 | 10 | 11 |
| 12 | 13 | 14 | 15 | 16 | 17 | 18 |
| 19 | 20 | 21 | 22 | 23 | 24 | 25 |
| 26 | 27 | 28 | 29 | 30 | 31 |  |

| 5 | 6 | 7 | 8 |
|---|---|---|---|
| SUNDAY | MONDAY | TUESDAY | WEDNESDAY |

8am

9am

10am

11am

12pm

1pm

2pm

3pm

4pm

5pm

6pm

7pm

| Assignments | Tests | Papers | Projects |
|---|---|---|---|

Weekly Goals

# 9

# 10

# 11

# August

# 2018

**TO DO LIST**

8am

9am

10am

11am

12pm

1pm

2pm

3pm

4pm

5pm

6pm

7pm

Meetings

Dates

Fun

Rewards For Meeting Weekly Goals

AUGUST 2018

| S | M | T | W | T | F | S |
|---|---|---|---|---|---|---|
|  |  |  | 1 | 2 | 3 | 4 |
| 5 | 6 | 7 | 8 | 9 | 10 | 11 |
| 12 | 13 | 14 | 15 | 16 | 17 | 18 |
| 19 | 20 | 21 | 22 | 23 | 24 | 25 |
| 26 | 27 | 28 | 29 | 30 | 31 |  |

| 12 | 13 | 14 | 15 |
|---|---|---|---|
| SUNDAY | MONDAY | TUESDAY | WEDNESDAY |

8am

9am

10am

11am

12pm

1pm

2pm

3pm

4pm

5pm

6pm

7pm

| Assignments | Tests | Papers | Projects |
|---|---|---|---|

Weekly Goals

## 16    **17**    18    August

# 2018

**TO DO LIST**

8am

9am

10am

11am

12pm

1pm

2pm

3pm

4pm

5pm

6pm

7pm

Meetings

Dates

Fun

Rewards For Meeting Weekly Goals

| S | M | T | W | T | F | S |
|---|---|---|---|---|---|---|
|   |   |   | 1 | 2 | 3 | 4 |
| 5 | 6 | 7 | 8 | 9 | 10 | 11 |
| 12 | 13 | 14 | 15 | 16 | 17 | 18 |
| 19 | 20 | 21 | 22 | 23 | 24 | 25 |
| 26 | 27 | 28 | 29 | 30 | 31 |   |

| 19 | 20 | 21 | 22 |
|---|---|---|---|
| SUNDAY | MONDAY | TUESDAY | WEDNESDAY |

| | | | |
|---|---|---|---|
| 8am | | | |
| 9am | | | |
| 10am | | | |
| 11am | | | |
| 12pm | | | |
| 1pm | | | |
| 2pm | | | |
| 3pm | | | |
| 4pm | | | |
| 5pm | | | |
| 6pm | | | |
| 7pm | | | |

| Assignments | Tests | Papers | Projects |
|---|---|---|---|
| | | | |

Weekly Goals

# 23

# 24

# 25

# August

# 2018

**TO DO LIST**

8am

9am

10am

11am

12pm

1pm

2pm

3pm

4pm

5pm

6pm

7pm

Meetings

Dates

Fun

Rewards For Meeting Weekly Goals

| S | M | T | W | T | F | S |
|---|---|---|---|---|---|---|
|   |   |   | 1 | 2 | 3 | 4 |
| 5 | 6 | 7 | 8 | 9 | 10 | 11 |
| 12 | 13 | 14 | 15 | 16 | 17 | 18 |
| 19 | 20 | 21 | 22 | 23 | 24 | 25 |
| 26 | 27 | 28 | 29 | 30 | 31 |   |

# 26     27     28     29

| SUNDAY | MONDAY | TUESDAY | WEDNESDAY |
|---|---|---|---|
| 8am | | | |
| 9am | | | |
| 10am | | | |
| 11am | | | |
| 12pm | | | |
| 1pm | | | |
| 2pm | | | |
| 3pm | | | |
| 4pm | | | |
| 5pm | | | |
| 6pm | | | |
| 7pm | | | |

| Assignments | Tests | Papers | Projects |
|---|---|---|---|
| | | | |

**Weekly Goals**

# 30

## THURSDAY

# 31

## FRIDAY

## SATURDAY

8am

9am

10am

11am

12pm

1pm

2pm

3pm

4pm

5pm

6pm

7pm

# August

# 2018

## TO DO LIST

Meetings

Dates

Fun

Rewards For Meeting Weekly Goals

AUGUST 2018

| S | M | T | W | T | F | S |
|---|---|---|---|---|---|---|
|   |   |   | 1 | 2 | 3 | 4 |
| 5 | 6 | 7 | 8 | 9 | 10 | 11 |
| 12 | 13 | 14 | 15 | 16 | 17 | 18 |
| 19 | 20 | 21 | 22 | 23 | 24 | 25 |
| 26 | 27 | 28 | 29 | 30 | 31 |   |

| SUNDAY | MONDAY | TUESDAY | WEDNESDAY |
| --- | --- | --- | --- |

| THURSDAY | FRIDAY | SATURDAY |
|---|---|---|
|  |  | 1 |
| 6 | 7 | 8 |
| 13 | 14 | 15 |
| 20 | 21 | 22 |
| 27 | 28 | 29 / 30 |

September
2018

EVENTS

GOALS

SEPTEMBER 2018

| S | M | T | W | T | F | S |
|---|---|---|---|---|---|---|
|  |  |  |  |  |  | 1 |
| 2 | 3 | 4 | 5 | 6 | 7 | 8 |
| 9 | 10 | 11 | 12 | 13 | 14 | 15 |
| 16 | 17 | 18 | 19 | 20 | 21 | 22 |
| 23 | 24 | 25 | 26 | 27 | 28 | 29 |
| 30 |  |  |  |  |  |  |

| SUNDAY | MONDAY | TUESDAY | WEDNESDAY |
|--------|--------|---------|-----------|
| 8am | | | |
| 9am | | | |
| 10am | | | |
| 11am | | | |
| 12pm | | | |
| 1pm | | | |
| 2pm | | | |
| 3pm | | | |
| 4pm | | | |
| 5pm | | | |
| 6pm | | | |
| 7pm | | | |

| Assignments | Tests | Papers | Projects |
|-------------|-------|--------|----------|
| | | | |

Weekly Goals

| THURSDAY | FRIDAY | SATURDAY |
|---|---|---|

| | | | |
|---|---|---|---|
| | | | 8am |
| | | | 9am |
| | | | 10am |
| | | | 11am |
| | | | 12pm |
| | | | 1pm |
| | | | 2pm |
| | | | 3pm |
| | | | 4pm |
| | | | 5pm |
| | | | 6pm |
| | | | 7pm |

**TO DO LIST**

Meetings

Dates

Fun

Rewards For Meeting Weekly Goals

## SEPTEMBER 2018

| S | M | T | W | T | F | S |
|---|---|---|---|---|---|---|
| | | | | | | 1 |
| 2 | 3 | 4 | 5 | 6 | 7 | 8 |
| 9 | 10 | 11 | 12 | 13 | 14 | 15 |
| 16 | 17 | 18 | 19 | 20 | 21 | 22 |
| 23 | 24 | 25 | 26 | 27 | 28 | 29 |
| 30 | | | | | | |

| 2 | 3 | 4 | 5 |
|---|---|---|---|
| **SUNDAY** | **MONDAY** | **TUESDAY** | **WEDNESDAY** |

8am

9am

10am

11am

12pm

1pm

2pm

3pm

4pm

5pm

6pm

7pm

| Assignments | Tests | Papers | Projects |
|---|---|---|---|

Weekly Goals

| 6 | 7 | 8 | September |
|---|---|---|---|
| **THURSDAY** | **FRIDAY** | **SATURDAY** | |

# 2018

|  | 8am |
|---|---|
|  | 9am |
|  | 10am |
|  | 11am |
|  | 12pm |
|  | 1pm |
|  | 2pm |
|  | 3pm |
|  | 4pm |
|  | 5pm |
|  | 6pm |
|  | 7pm |

Meetings

Dates

Fun

Rewards For Meeting Weekly Goals

### SEPTEMBER 2018

| S | M | T | W | T | F | S |
|---|---|---|---|---|---|---|
|  |  |  |  |  |  | 1 |
| 2 | 3 | 4 | 5 | 6 | 7 | 8 |
| 9 | 10 | 11 | 12 | 13 | 14 | 15 |
| 16 | 17 | 18 | 19 | 20 | 21 | 22 |
| 23 | 24 | 25 | 26 | 27 | 28 | 29 |
| 30 |  |  |  |  |  |  |

| 9 | 10 | 11 | 12 |
|---|----|----|----|
| SUNDAY | MONDAY | TUESDAY | WEDNESDAY |

| SUNDAY | MONDAY | TUESDAY | WEDNESDAY |
|--------|--------|---------|-----------|
| 8am | | | |
| 9am | | | |
| 10am | | | |
| 11am | | | |
| 12pm | | | |
| 1pm | | | |
| 2pm | | | |
| 3pm | | | |
| 4pm | | | |
| 5pm | | | |
| 6pm | | | |
| 7pm | | | |

| Assignments | Tests | Papers | Projects |
|-------------|-------|--------|----------|
| | | | |

Weekly Goals

# 13

# 14

# 15

| THURSDAY | FRIDAY | SATURDAY |
|---|---|---|

8am

9am

10am

11am

12pm

1pm

2pm

3pm

4pm

5pm

6pm

7pm

**TO DO LIST**

Meetings

Dates

Fun

Rewards For Meeting Weekly Goals

| SEPTEMBER 2018 | | | | | | |
|---|---|---|---|---|---|---|
| S | M | T | W | T | F | S |
| | | | | | | 1 |
| 2 | 3 | 4 | 5 | 6 | 7 | 8 |
| 9 | 10 | 11 | 12 | 13 | 14 | 15 |
| 16 | 17 | 18 | 19 | 20 | 21 | 22 |
| 23 | 24 | 25 | 26 | 27 | 28 | 29 |
| 30 | | | | | | |

| 16 | 17 | 18 | 19 |
|---|---|---|---|
| SUNDAY | MONDAY | TUESDAY | WEDNESDAY |

8am

9am

10am

11am

12pm

1pm

2pm

3pm

4pm

5pm

6pm

7pm

| Assignments | Tests | Papers | Projects |
|---|---|---|---|

Weekly Goals

# 20

# 21

# 22

## September

# 2018

**TO DO LIST**

8am

9am

10am

11am

12pm

1pm

2pm

3pm

4pm

5pm

6pm

7pm

Meetings

Dates

Fun

Rewards For Meeting Weekly Goals

| | | SEPTEMBER 2018 | | | | |
|---|---|---|---|---|---|---|
| S | M | T | W | T | F | S |
| | | | | | | 1 |
| 2 | 3 | 4 | 5 | 6 | 7 | 8 |
| 9 | 10 | 11 | 12 | 13 | 14 | 15 |
| 16 | 17 | 18 | 19 | 20 | 21 | 22 |
| 23 | 24 | 25 | 26 | 27 | 28 | 29 |
| 30 | | | | | | |

| 23 | 24 | 25 | 26 |
|---|---|---|---|
| **SUNDAY** | **MONDAY** | **TUESDAY** | **WEDNESDAY** |

| SUNDAY | MONDAY | TUESDAY | WEDNESDAY |
|---|---|---|---|
| 8am | | | |
| 9am | | | |
| 10am | | | |
| 11am | | | |
| 12pm | | | |
| 1pm | | | |
| 2pm | | | |
| 3pm | | | |
| 4pm | | | |
| 5pm | | | |
| 6pm | | | |
| 7pm | | | |

| Assignments | Tests | Papers | Projects |
|---|---|---|---|
| | | | |

Weekly Goals

# 27

# 28

# 29

September

## 2018

**TO DO LIST**

8am

9am

10am

11am

12pm

1pm

2pm

3pm

4pm

5pm

6pm

7pm

Meetings

Dates

Fun

Rewards For Meeting Weekly Goals

| SEPTEMBER 2018 | | | | | | |
|---|---|---|---|---|---|---|
| S | M | W | T | F | S | |
| | | | | | | 1 |
| 2 | 3 | 4 | 5 | 6 | 7 | 8 |
| 9 | 10 | 11 | 12 | 13 | 14 | 15 |
| 16 | 17 | 18 | 19 | 20 | 21 | 22 |
| 23 | 24 | 25 | 26 | 27 | 28 | 29 |
| 30 | | | | | | |

| SUNDAY | MONDAY | TUESDAY | WEDNESDAY |
|--------|--------|---------|-----------|
|        | 1      | 2       | 3         |
| 7      | 8      | 9       | 10        |
| 14     | 15     | 16      | 17        |
| 21     | 22     | 23      | 24        |
| 28     | 29     | 30      | 31        |

| THURSDAY | FRIDAY | SATURDAY |
|---|---|---|
| 4 | 5 | 6 |
| 11 | 12 | 13 |
| 18 | 19 | 20 |
| 25 | 26 | 27 |
|  |  |  |

# October
# 2018

## EVENTS

## GOALS

October 2018

| S | M | T | W | T | F | S |
|---|---|---|---|---|---|---|
|  | 1 | 2 | 3 | 4 | 5 | 6 |
| 7 | 8 | 9 | 10 | 11 | 12 | 13 |
| 14 | 15 | 16 | 17 | 18 | 19 | 20 |
| 21 | 22 | 23 | 24 | 25 | 26 | 27 |
| 28 | 29 | 30 | 31 |  |  |  |

| 30 | 1 | 2 | 3 |
|---|---|---|---|
| SUNDAY | MONDAY | TUESDAY | WEDNESDAY |

8am

9am

10am

11am

12pm

1pm

2pm

3pm

4pm

5pm

6pm

7pm

Assignments

Tests

Papers

Projects

Weekly Goals

# 4

# 5

# 6

# Sep/Oct

# 2018

## TO DO LIST

8am

9am

10am

11am

12pm

1pm

2pm

3pm

4pm

5pm

6pm

7pm

Meetings

Dates

Fun

Rewards For Meeting Weekly Goals

| October 2018 | | | | | | |
|---|---|---|---|---|---|---|
| S | M | T | W | T | F | S |
| | 1 | 2 | 3 | 4 | 5 | 6 |
| 7 | 8 | 9 | 10 | 11 | 12 | 13 |
| 14 | 15 | 16 | 17 | 18 | 19 | 20 |
| 21 | 22 | 23 | 24 | 25 | 26 | 27 |
| 28 | 29 | 30 | 31 | | | |

| 7 | 8 | 9 | 10 |
|---|---|---|---|
| SUNDAY | MONDAY | TUESDAY | WEDNESDAY |

8am

9am

10am

11am

12pm

1pm

2pm

3pm

4pm

5pm

6pm

7pm

| Assignments | Tests | Papers | Projects |
|---|---|---|---|

Weekly Goals

## 11
### THURSDAY

## 12
### FRIDAY

## 13
### SATURDAY

October

# 2018

**TO DO LIST**

8am

9am

10am

11am

12pm

1pm

2pm

3pm

4pm

5pm

6pm

7pm

| Meetings | Dates | Fun |
|---|---|---|
| | | |

Rewards For Meeting Weekly Goals

| 14 | 15 | 16 | 17 |
|---|---|---|---|
| SUNDAY | MONDAY | TUESDAY | WEDNESDAY |

8am

9am

10am

11am

12pm

1pm

2pm

3pm

4pm

5pm

6pm

7pm

| Assignments | Tests | Papers | Projects |
|---|---|---|---|
|  |  |  |  |

Weekly Goals

# 18     19     20     October

## 2018

| THURSDAY | FRIDAY | SATURDAY |
|---|---|---|

8am

9am

10am

11am

12pm

1pm

2pm

3pm

4pm

5pm

6pm

7pm

**TO DO LIST**

Meetings

Dates

Fun

Rewards For Meeting Weekly Goals

| 21 | 22 | 23 | 24 |
|---|---|---|---|
| SUNDAY | MONDAY | TUESDAY | WEDNESDAY |

| | | | |
|---|---|---|---|
| 8am | | | |
| 9am | | | |
| 10am | | | |
| 11am | | | |
| 12pm | | | |
| 1pm | | | |
| 2pm | | | |
| 3pm | | | |
| 4pm | | | |
| 5pm | | | |
| 6pm | | | |
| 7pm | | | |

| Assignments | Tests | Papers | Projects |
|---|---|---|---|
| | | | |

Weekly Goals

# 25

## THURSDAY

# 26

## FRIDAY

# 27

## SATURDAY

8am

9am

10am

11am

12pm

1pm

2pm

3pm

4pm

5pm

6pm

7pm

Meetings

Dates

Fun

Rewards For Meeting Weekly Goals

# October

# 2018

## TO DO LIST

### October 2018

| S | M | T | W | T | F | S |
|---|---|---|---|---|---|---|
|   | 1 | 2 | 3 | 4 | 5 | 6 |
| 7 | 8 | 9 | 10 | 11 | 12 | 13 |
| 14 | 15 | 16 | 17 | 18 | 19 | 20 |
| 21 | 22 | 23 | 24 | 25 | 26 | 27 |
| 28 | 29 | 30 | 31 |   |   |   |

| 28 | 29 | 30 | 31 |
|---|---|---|---|
| SUNDAY | MONDAY | TUESDAY | WEDNESDAY |

8am

9am

10am

11am

12pm

1pm

2pm

3pm

4pm

5pm

6pm

7pm

| Assignments | Tests | Papers | Projects |
|---|---|---|---|

Weekly Goals

# October

# 2018

| THURSDAY | FRIDAY | SATURDAY | |
|---|---|---|---|
| | | | 8am |
| | | | 9am |
| | | | 10am |
| | | | 11am |
| | | | 12pm |
| | | | 1pm |
| | | | 2pm |
| | | | 3pm |
| | | | 4pm |
| | | | 5pm |
| | | | 6pm |
| | | | 7pm |

**TO DO LIST**

| Meetings | Dates | Fun |
|---|---|---|
| | | |

Rewards For Meeting Weekly Goals

## October 2018

| S | M | T | W | T | F | S |
|---|---|---|---|---|---|---|
| | 1 | 2 | 3 | 4 | 5 | 6 |
| 7 | 8 | 9 | 10 | 11 | 12 | 13 |
| 14 | 15 | 16 | 17 | 18 | 19 | 20 |
| 21 | 22 | 23 | 24 | 25 | 26 | 27 |
| 28 | 29 | 30 | 31 | | | |

| SUNDAY | MONDAY | TUESDAY | WEDNESDAY |
|--------|--------|---------|-----------|
| 4 | 5 | 6 | 7 |
| 11 | 12 | 13 | 14 |
| 18 | 19 | 20 | 21 |
| 25 | 26 | 27 | 28 |

| THURSDAY | FRIDAY | SATURDAY |
|---|---|---|
| 1 | 2 | 3 |
| 8 | 9 | 10 |
| 15 | 16 | 17 |
| 22 | 23 | 24 |
| 29 | 30 | |

## November

# 2018

## EVENTS

## GOALS

**November 2018**

| S | M | T | W | T | F | S |
|---|---|---|---|---|---|---|
| | | | | 1 | 2 | 3 |
| 4 | 5 | 6 | 7 | 8 | 9 | 10 |
| 11 | 12 | 13 | 14 | 15 | 16 | 17 |
| 18 | 19 | 20 | 21 | 22 | 23 | 24 |
| 25 | 26 | 27 | 28 | 29 | 30 | |

| SUNDAY | MONDAY | TUESDAY | WEDNESDAY |
|--------|--------|---------|-----------|
| 8am | | | |
| 9am | | | |
| 10am | | | |
| 11am | | | |
| 12pm | | | |
| 1pm | | | |
| 2pm | | | |
| 3pm | | | |
| 4pm | | | |
| 5pm | | | |
| 6pm | | | |
| 7pm | | | |

| Assignments | Tests | Papers | Projects |
|-------------|-------|--------|----------|
| | | | |

Weekly Goals

# 1

# 2

# 3

8am

9am

10am

11am

12pm

1pm

2pm

3pm

4pm

5pm

6pm

7pm

## November

## 2018

**TO DO LIST**

Meetings

Dates

Fun

Rewards For Meeting Weekly Goals

### November 2018

| S | M | T | W | T | F | S |
|---|---|---|---|---|---|---|
|   |   |   |   | 1 | 2 | 3 |
| 4 | 5 | 6 | 7 | 8 | 9 | 10 |
| 11 | 12 | 13 | 14 | 15 | 16 | 17 |
| 18 | 19 | 20 | 21 | 22 | 23 | 24 |
| 25 | 26 | 27 | 28 | 29 | 30 |   |

|   4   |   5   |   6   |   7   |
|-------|-------|-------|-------|
| SUNDAY | MONDAY | TUESDAY | WEDNESDAY |

| SUNDAY | MONDAY | TUESDAY | WEDNESDAY |
|--------|--------|---------|-----------|
| 8am | | | |
| 9am | | | |
| 10am | | | |
| 11am | | | |
| 12pm | | | |
| 1pm | | | |
| 2pm | | | |
| 3pm | | | |
| 4pm | | | |
| 5pm | | | |
| 6pm | | | |
| 7pm | | | |

| Assignments | Tests | Papers | Projects |
|-------------|-------|--------|----------|
| | | | |

Weekly Goals

# 8

## THURSDAY

# 9

## FRIDAY

# 10

## SATURDAY

8am

9am

10am

11am

12pm

1pm

2pm

3pm

4pm

5pm

6pm

7pm

November

# 2018

## TO DO LIST

Meetings

Dates

Fun

Rewards For Meeting Weekly Goals

### November 2018

| S | M | T | W | T | F | S |
|---|---|---|---|---|---|---|
|   |   |   |   | 1 | 2 | 3 |
| 4 | 5 | 6 | 7 | 8 | 9 | 10 |
| 11 | 12 | 13 | 14 | 15 | 16 | 17 |
| 18 | 19 | 20 | 21 | 22 | 23 | 24 |
| 25 | 26 | 27 | 28 | 29 | 30 |   |

| 11 | 12 | 13 | 14 |
|---|---|---|---|
| SUNDAY | MONDAY | TUESDAY | WEDNESDAY |

| | | | |
|---|---|---|---|
| 8am | | | |
| 9am | | | |
| 10am | | | |
| 11am | | | |
| 12pm | | | |
| 1pm | | | |
| 2pm | | | |
| 3pm | | | |
| 4pm | | | |
| 5pm | | | |
| 6pm | | | |
| 7pm | | | |

| Assignments | Tests | Papers | Projects |
|---|---|---|---|
| | | | |

Weekly Goals

# 15      16      17      November

## 2018

| THURSDAY | FRIDAY | SATURDAY |
|---|---|---|

**TO DO LIST**

Saturday times:
- 8am
- 9am
- 10am
- 11am
- 12pm
- 1pm
- 2pm
- 3pm
- 4pm
- 5pm
- 6pm
- 7pm

Meetings

Dates

Fun

Rewards For Meeting Weekly Goals

November 2018

| S | M | T | W | T | F | S |
|---|---|---|---|---|---|---|
|  |  |  |  | 1 | 2 | 3 |
| 4 | 5 | 6 | 7 | 8 | 9 | 10 |
| 11 | 12 | 13 | 14 | 15 | 16 | 17 |
| 18 | 19 | 20 | 21 | 22 | 23 | 24 |
| 25 | 26 | 27 | 28 | 29 | 30 |  |

| 18 | 19 | 20 | 21 |
|---|---|---|---|
| SUNDAY | MONDAY | TUESDAY | WEDNESDAY |

8am

9am

10am

11am

12pm

1pm

2pm

3pm

4pm

5pm

6pm

7pm

| Assignments | Tests | Papers | Projects |
|---|---|---|---|

Weekly Goals

# 22

# 23

# 24

# November
# 2018

**TO DO LIST**

8am

9am

10am

11am

12pm

1pm

2pm

3pm

4pm

5pm

6pm

7pm

Meetings

Dates

Fun

Rewards For Meeting Weekly Goals

## November 2018

| S | M | T | W | T | F | S |
|---|---|---|---|---|---|---|
|   |   |   |   | 1 | 2 | 3 |
| 4 | 5 | 6 | 7 | 8 | 9 | 10 |
| 11 | 12 | 13 | 14 | 15 | 16 | 17 |
| 18 | 19 | 20 | 21 | 22 | 23 | 24 |
| 25 | 26 | 27 | 28 | 29 | 30 | |

| 25 | 26 | 27 | 28 |
|---|---|---|---|
| SUNDAY | MONDAY | TUESDAY | WEDNESDAY |

| | | | |
|---|---|---|---|
| 8am | | | |
| 9am | | | |
| 10am | | | |
| 11am | | | |
| 12pm | | | |
| 1pm | | | |
| 2pm | | | |
| 3pm | | | |
| 4pm | | | |
| 5pm | | | |
| 6pm | | | |
| 7pm | | | |

| Assignments | Tests | Papers | Projects |
|---|---|---|---|
| | | | |

Weekly Goals

# 29

# 30

# November

# 2018

|  |  | 8am |
| --- | --- | --- |
|  |  | 9am |
|  |  | 10am |
|  |  | 11am |
|  |  | 12pm |
|  |  | 1pm |
|  |  | 2pm |
|  |  | 3pm |
|  |  | 4pm |
|  |  | 5pm |
|  |  | 6pm |
|  |  | 7pm |

**TO DO LIST**

Meetings

Dates

Fun

Rewards For Meeting Weekly Goals

### November 2018

| S | M | T | W | T | F | S |
| --- | --- | --- | --- | --- | --- | --- |
|  |  |  |  | 1 | 2 | 3 |
| 4 | 5 | 6 | 7 | 8 | 9 | 10 |
| 11 | 12 | 13 | 14 | 15 | 16 | 17 |
| 18 | 19 | 20 | 21 | 22 | 23 | 24 |
| 25 | 26 | 27 | 28 | 29 | 30 |  |

| SUNDAY | MONDAY | TUESDAY | WEDNESDAY |
|--------|--------|---------|-----------|
| 2 | 3 | 4 | 5 |
| 9 | 10 | 11 | 12 |
| 16 | 17 | 18 | 19 |
| 23 | 24 | 25 | 26 |
| 30 | 31 | | |

| THURSDAY | FRIDAY | SATURDAY |
|---|---|---|
|  |  | 1 |
| 6 | 7 | 8 |
| 13 | 14 | 15 |
| 20 | 21 | 22 |
| 27 | 28 | 29 |

# December
# 2018

## EVENTS

## GOALS

### December 2018

| S | M | T | W | T | F | S |
|---|---|---|---|---|---|---|
|  |  |  |  |  |  | 1 |
| 2 | 3 | 4 | 5 | 6 | 7 | 8 |
| 9 | 10 | 11 | 12 | 13 | 14 | 15 |
| 16 | 17 | 18 | 19 | 20 | 21 | 22 |
| 23 | 24 | 25 | 26 | 27 | 28 | 29 |
| 30 | 31 |  |  |  |  |  |

| SUNDAY | MONDAY | TUESDAY | WEDNESDAY |
|--------|--------|---------|-----------|
| 8am | | | |
| 9am | | | |
| 10am | | | |
| 11am | | | |
| 12pm | | | |
| 1pm | | | |
| 2pm | | | |
| 3pm | | | |
| 4pm | | | |
| 5pm | | | |
| 6pm | | | |
| 7pm | | | |

| Assignments | Tests | Papers | Projects |
|-------------|-------|--------|----------|
| | | | |

Weekly Goals

1 December

# 2018

**TO DO LIST**

| THURSDAY | FRIDAY | SATURDAY | |
|---|---|---|---|
| | | 8am | |
| | | 9am | |
| | | 10am | |
| | | 11am | |
| | | 12pm | |
| | | 1pm | |
| | | 2pm | |
| | | 3pm | |
| | | 4pm | |
| | | 5pm | |
| | | 6pm | |
| | | 7pm | |

| Meetings | Dates | Fun |
|---|---|---|
| | | |

Rewards For Meeting Weekly Goals

### December 2018

| S | M | T | W | T | F | S |
|---|---|---|---|---|---|---|
| | | | | | | 1 |
| 2 | 3 | 4 | 5 | 6 | 7 | 8 |
| 9 | 10 | 11 | 12 | 13 | 14 | 15 |
| 16 | 17 | 18 | 19 | 20 | 21 | 22 |
| 23 | 24 | 25 | 26 | 27 | 28 | 29 |
| 30 | 31 | | | | | |

|  | 2 | 3 | 4 | 5 |
|---|---|---|---|---|
| | SUNDAY | MONDAY | TUESDAY | WEDNESDAY |

| SUNDAY | MONDAY | TUESDAY | WEDNESDAY |
|---|---|---|---|
| 8am | | | |
| 9am | | | |
| 10am | | | |
| 11am | | | |
| 12pm | | | |
| 1pm | | | |
| 2pm | | | |
| 3pm | | | |
| 4pm | | | |
| 5pm | | | |
| 6pm | | | |
| 7pm | | | |

| Assignments | Tests | Papers | Projects |
|---|---|---|---|
| | | | |

Weekly Goals

# 6

# 7

# 8

# December

# 2018

## TO DO LIST

8am

9am

10am

11am

12pm

1pm

2pm

3pm

4pm

5pm

6pm

7pm

Meetings

Dates

Fun

Rewards For Meeting Weekly Goals

| December 2018 | | | | | | |
|---|---|---|---|---|---|---|
| S | M | T | W | T | F | S |
| | | | | | | 1 |
| 2 | 3 | 4 | 5 | 6 | 7 | 8 |
| 9 | 10 | 11 | 12 | 13 | 14 | 15 |
| 16 | 17 | 18 | 19 | 20 | 21 | 22 |
| 23 | 24 | 25 | 26 | 27 | 28 | 29 |
| 30 | 31 | | | | | |

| 9 | 10 | 11 | 12 |
|---|---|---|---|
| **SUNDAY** | **MONDAY** | **TUESDAY** | **WEDNESDAY** |

8am

9am

10am

11am

12pm

1pm

2pm

3pm

4pm

5pm

6pm

7pm

| Assignments | Tests | Papers | Projects |
|---|---|---|---|

Weekly Goals

# 13

# 14

# 15

# December

# 2018

**TO DO LIST**

8am

9am

10am

11am

12pm

1pm

2pm

3pm

4pm

5pm

6pm

7pm

Meetings

Dates

Fun

Rewards For Meeting Weekly Goals

| December 2018 | | | | | | |
|---|---|---|---|---|---|---|
| S | M | T | W | T | F | S |
| | | | | | | 1 |
| 2 | 3 | 4 | 5 | 6 | 7 | 8 |
| 9 | 10 | 11 | 12 | 13 | 14 | 15 |
| 16 | 17 | 18 | 19 | 20 | 21 | 22 |
| 23 | 24 | 25 | 26 | 27 | 28 | 29 |
| 30 | 31 | | | | | |

| 16 | 17 | 18 | 19 |
|---|---|---|---|
| SUNDAY | MONDAY | TUESDAY | WEDNESDAY |

8am

9am

10am

11am

12pm

1pm

2pm

3pm

4pm

5pm

6pm

7pm

| Assignments | Tests | Papers | Projects |
|---|---|---|---|

Weekly Goals

# 20

## THURSDAY

# 21

## FRIDAY

# 22

## SATURDAY

8am

9am

10am

11am

12pm

1pm

2pm

3pm

4pm

5pm

6pm

7pm

# December

# 2018

## TO DO LIST

| Meetings | Dates | Fun |
|----------|-------|-----|
|          |       |     |

Rewards For Meeting Weekly Goals

| December 2018 | | | | | | |
|---|---|---|---|---|---|---|
| S | M | T | W | T | F | S |
|   |   |   |   |   |   | 1 |
| 2 | 3 | 4 | 5 | 6 | 7 | 8 |
| 9 | 10 | 11 | 12 | 13 | 14 | 15 |
| 16 | 17 | 18 | 19 | 20 | 21 | 22 |
| 23 | 24 | 25 | 26 | 27 | 28 | 29 |
| 30 | 31 |   |   |   |   |   |

| 23 | 24 | 25 | 26 |
|---|---|---|---|
| SUNDAY | MONDAY | TUESDAY | WEDNESDAY |

| | | | |
|---|---|---|---|
| 8am | | | |
| 9am | | | |
| 10am | | | |
| 11am | | | |
| 12pm | | | |
| 1pm | | | |
| 2pm | | | |
| 3pm | | | |
| 4pm | | | |
| 5pm | | | |
| 6pm | | | |
| 7pm | | | |

| Assignments | Tests | Papers | Projects |
|---|---|---|---|
| | | | |

Weekly Goals

# 27

# 28

# 29

# December

# 2018

**TO DO LIST**

8am

9am

10am

11am

12pm

1pm

2pm

3pm

4pm

5pm

6pm

7pm

Meetings

Dates

Fun

Rewards For Meeting Weekly Goals

| December 2018 | | | | | | |
|---|---|---|---|---|---|---|
| S | M | T | W | T | F | S |
|  |  |  |  |  |  | 1 |
| 2 | 3 | 4 | 5 | 6 | 7 | 8 |
| 9 | 10 | 11 | 12 | 13 | 14 | 15 |
| 16 | 17 | 18 | 19 | 20 | 21 | 22 |
| 23 | 24 | 25 | 26 | 27 | 28 | 29 |
| 30 | 31 |  |  |  |  |  |

# 30          31

| SUNDAY | MONDAY | TUESDAY | WEDNESDAY |
|--------|--------|---------|-----------|
| 8am | | | |
| 9am | | | |
| 10am | | | |
| 11am | | | |
| 12pm | | | |
| 1pm | | | |
| 2pm | | | |
| 3pm | | | |
| 4pm | | | |
| 5pm | | | |
| 6pm | | | |
| 7pm | | | |

| Assignments | Tests | Papers | Projects |
|-------------|-------|--------|----------|
| | | | |

Weekly Goals

| THURSDAY | FRIDAY | SATURDAY |
|----------|--------|----------|

December

2018

TO DO LIST

8am
9am
10am
11am
12pm
1pm
2pm
3pm
4pm
5pm
6pm
7pm

Meetings

Dates

Fun

Rewards For Meeting Weekly Goals

| December 2018 | | | | | | |
|---|---|---|---|---|---|---|
| S | M | T | W | T | F | S |
|  |  |  |  |  |  | 1 |
| 2 | 3 | 4 | 5 | 6 | 7 | 8 |
| 9 | 10 | 11 | 12 | 13 | 14 | 15 |
| 16 | 17 | 18 | 19 | 20 | 21 | 22 |
| 23 | 24 | 25 | 26 | 27 | 28 | 29 |
| 30 | 31 |  |  |  |  |  |

| SUNDAY | MONDAY | TUESDAY | WEDNESDAY |
|---|---|---|---|
| | | 1 | 2 |
| 6 | 7 | 8 | 9 |
| 13 | 14 | 15 | 16 |
| 20 | 21 | 22 | 23 |
| 27 | 28 | 29 | 30 |

| THURSDAY | FRIDAY | SATURDAY |
|---|---|---|
| 3 | 4 | 5 |
| 10 | 11 | 12 |
| 17 | 18 | 19 |
| 24 | 25 | 26 |
| 31 | | |

# January
# 2019

## EVENTS

_____
_____
_____
_____
_____
_____

## GOALS

_____
_____
_____
_____
_____
_____
_____
_____
_____

### January 2019

| S | M | T | W | T | F | S |
|---|---|---|---|---|---|---|
|  |  | 1 | 2 | 3 | 4 | 5 |
| 6 | 7 | 8 | 9 | 10 | 11 | 12 |
| 13 | 14 | 15 | 16 | 17 | 18 | 19 |
| 20 | 21 | 22 | 23 | 24 | 25 | 26 |
| 27 | 28 | 29 | 30 | 31 | | |

| SUNDAY | MONDAY | TUESDAY | WEDNESDAY |
|--------|--------|---------|-----------|

1          2

| SUNDAY | MONDAY | TUESDAY | WEDNESDAY |
|--------|--------|---------|-----------|
| 8am | | | |
| 9am | | | |
| 10am | | | |
| 11am | | | |
| 12pm | | | |
| 1pm | | | |
| 2pm | | | |
| 3pm | | | |
| 4pm | | | |
| 5pm | | | |
| 6pm | | | |
| 7pm | | | |

| Assignments | Tests | Papers | Projects |
|-------------|-------|--------|----------|
| | | | |

Weekly Goals

# 3

# 4

# 5

# January
# 2019

**TO DO LIST**

8am

9am

10am

11am

12pm

1pm

2pm

3pm

4pm

5pm

6pm

7pm

Meetings

Dates

Fun

Rewards For Meeting Weekly Goals

| S | M | T | W | T | F | S |
|---|---|---|---|---|---|---|
| | | 1 | 2 | 3 | 4 | 5 |
| 6 | 7 | 8 | 9 | 10 | 11 | 12 |
| 13 | 14 | 15 | 16 | 17 | 18 | 19 |
| 20 | 21 | 22 | 23 | 24 | 25 | 26 |
| 27 | 28 | 29 | 30 | 31 | | |

January 2019

| 6 | 7 | 8 | 9 |
|---|---|---|---|
| SUNDAY | MONDAY | TUESDAY | WEDNESDAY |

| | | | |
|---|---|---|---|
| 8am | | | |
| 9am | | | |
| 10am | | | |
| 11am | | | |
| 12pm | | | |
| 1pm | | | |
| 2pm | | | |
| 3pm | | | |
| 4pm | | | |
| 5pm | | | |
| 6pm | | | |
| 7pm | | | |

| Assignments | Tests | Papers | Projects |
|---|---|---|---|
| | | | |

Weekly Goals

# 10

## THURSDAY

# 11

## FRIDAY

# 12

## SATURDAY

# January

# 2019

**TO DO LIST**

8am

9am

10am

11am

12pm

1pm

2pm

3pm

4pm

5pm

6pm

7pm

| Meetings | Dates | Fun |
|----------|-------|-----|
|          |       |     |

Rewards For Meeting Weekly Goals

| | | | January 2019 | | | |
|---|---|---|---|---|---|---|
| S | M | T | W | T | F | S |
| | | 1 | 2 | 3 | 4 | 5 |
| 6 | 7 | 8 | 9 | 10 | 11 | 12 |
| 13 | 14 | 15 | 16 | 17 | 18 | 19 |
| 20 | 21 | 22 | 23 | 24 | 25 | 26 |
| 27 | 28 | 29 | 30 | 31 | | |

| 13 | 14 | 15 | 16 |
|---|---|---|---|
| SUNDAY | MONDAY | TUESDAY | WEDNESDAY |

| SUNDAY | MONDAY | TUESDAY | WEDNESDAY |
|---|---|---|---|
| 8am | | | |
| 9am | | | |
| 10am | | | |
| 11am | | | |
| 12pm | | | |
| 1pm | | | |
| 2pm | | | |
| 3pm | | | |
| 4pm | | | |
| 5pm | | | |
| 6pm | | | |
| 7pm | | | |

| Assignments | Tests | Papers | Projects |
|---|---|---|---|
| | | | |

Weekly Goals

# 17
# 18
# 19

## January
## 2019

**TO DO LIST**

8am

9am

10am

11am

12pm

1pm

2pm

3pm

4pm

5pm

6pm

7pm

Meetings

Dates

Fun

Rewards For Meeting Weekly Goals

### January 2019

| S | M | T | W | T | F | S |
|---|---|---|---|---|---|---|
|   |   | 1 | 2 | 3 | 4 | 5 |
| 6 | 7 | 8 | 9 | 10 | 11 | 12 |
| 13 | 14 | 15 | 16 | 17 | 18 | 19 |
| 20 | 21 | 22 | 23 | 24 | 25 | 26 |
| 27 | 28 | 29 | 30 | 31 |   |   |

| 20 | 21 | 22 | 23 |
|---|---|---|---|
| SUNDAY | MONDAY | TUESDAY | WEDNESDAY |

8am

9am

10am

11am

12pm

1pm

2pm

3pm

4pm

5pm

6pm

7pm

| Assignments | Tests | Papers | Projects |
|---|---|---|---|

Weekly Goals

# 24

# 25

# 26

# January

# 2019

**TO DO LIST**

8am

9am

10am

11am

12pm

1pm

2pm

3pm

4pm

5pm

6pm

7pm

Meetings

Dates

Fun

Rewards For Meeting Weekly Goals

### January 2019

| S | M | T | W | T | F | S |
|---|---|---|---|---|---|---|
|   |   | 1 | 2 | 3 | 4 | 5 |
| 6 | 7 | 8 | 9 | 10 | 11 | 12 |
| 13 | 14 | 15 | 16 | 17 | 18 | 19 |
| 20 | 21 | 22 | 23 | 24 | 25 | 26 |
| 27 | 28 | 29 | 30 | 31 |   |   |

| 27 | 28 | 29 | 30 |
|---|---|---|---|
| SUNDAY | MONDAY | TUESDAY | WEDNESDAY |

8am

9am

10am

11am

12pm

1pm

2pm

3pm

4pm

5pm

6pm

7pm

| Assignments | Tests | Papers | Projects |
|---|---|---|---|

Weekly Goals

# 31

| THURSDAY | FRIDAY | SATURDAY | |
|---|---|---|---|
| | | | 8am |
| | | | 9am |
| | | | 10am |
| | | | 11am |
| | | | 12pm |
| | | | 1pm |
| | | | 2pm |
| | | | 3pm |
| | | | 4pm |
| | | | 5pm |
| | | | 6pm |
| | | | 7pm |

**TO DO LIST**

| Meetings | Dates | Fun |
|---|---|---|
| | | |

Rewards For Meeting Weekly Goals

### January 2019

| S | M | T | W | T | F | S |
|---|---|---|---|---|---|---|
| | | 1 | 2 | 3 | 4 | 5 |
| 6 | 7 | 8 | 9 | 10 | 11 | 12 |
| 13 | 14 | 15 | 16 | 17 | 18 | 19 |
| 20 | 21 | 22 | 23 | 24 | 25 | 26 |
| 27 | 28 | 29 | 30 | 31 | | |

| SUNDAY | MONDAY | TUESDAY | WEDNESDAY |
|--------|--------|---------|-----------|
| 3 | 4 | 5 | 6 |
| 10 | 11 | 12 | 13 |
| 17 | 18 | 19 | 20 |
| 24 | 25 | 26 | 27 |

| THURSDAY | FRIDAY | SATURDAY |
|---|---|---|
| | 1 | 2 |
| 7 | 8 | 9 |
| 14 | 15 | 16 |
| 21 | 22 | 23 |
| 28 | | |

February

# 2019

EVENTS

GOALS

| SUNDAY | MONDAY | TUESDAY | WEDNESDAY |
|--------|--------|---------|-----------|
| 8am | | | |
| 9am | | | |
| 10am | | | |
| 11am | | | |
| 12pm | | | |
| 1pm | | | |
| 2pm | | | |
| 3pm | | | |
| 4pm | | | |
| 5pm | | | |
| 6pm | | | |
| 7pm | | | |

| Assignments | Tests | Papers | Projects |
|-------------|-------|--------|----------|
| | | | |

Weekly Goals

# February 2019

| | 1 | 2 |
|---|---|---|
| **THURSDAY** | **FRIDAY** | **SATURDAY** |

**SATURDAY**

8am
9am
10am
11am
12pm
1pm
2pm
3pm
4pm
5pm
6pm
7pm

**TO DO LIST**

Meetings

Dates

Fun

Rewards For Meeting Weekly Goals

**February 2019**

| S | M | T | W | T | F | S |
|---|---|---|---|---|---|---|
| | | | | | 1 | 2 |
| 3 | 4 | 5 | 6 | 7 | 8 | 9 |
| 10 | 11 | 12 | 13 | 14 | 15 | 16 |
| 17 | 18 | 19 | 20 | 21 | 22 | 23 |
| 24 | 25 | 26 | 27 | 28 | | |

| 3 | 4 | 5 | 6 |
|---|---|---|---|
| SUNDAY | MONDAY | TUESDAY | WEDNESDAY |

| | | | |
|---|---|---|---|
| 8am | | | |
| 9am | | | |
| 10am | | | |
| 11am | | | |
| 12pm | | | |
| 1pm | | | |
| 2pm | | | |
| 3pm | | | |
| 4pm | | | |
| 5pm | | | |
| 6pm | | | |
| 7pm | | | |

| Assignments | Tests | Papers | Projects |
|---|---|---|---|
| | | | |

Weekly Goals

| 7 | 8 | 9 | February |
|---|---|---|---|

## 2019

**TO DO LIST**

SATURDAY times:
8am
9am
10am
11am
12pm
1pm
2pm
3pm
4pm
5pm
6pm
7pm

Meetings

Dates

Fun

Rewards For Meeting Weekly Goals

### February 2019

| S | M | T | W | T | F | S |
|---|---|---|---|---|---|---|
|   |   |   |   |   | 1 | 2 |
| 3 | 4 | 5 | 6 | 7 | 8 | 9 |
| 10 | 11 | 12 | 13 | 14 | 15 | 16 |
| 17 | 18 | 19 | 20 | 21 | 22 | 23 |
| 24 | 25 | 26 | 27 | 28 |   |   |

| 10 | 11 | 12 | 13 |
|---|---|---|---|
| SUNDAY | MONDAY | TUESDAY | WEDNESDAY |

| SUNDAY | MONDAY | TUESDAY | WEDNESDAY |
|---|---|---|---|
| 8am | | | |
| 9am | | | |
| 10am | | | |
| 11am | | | |
| 12pm | | | |
| 1pm | | | |
| 2pm | | | |
| 3pm | | | |
| 4pm | | | |
| 5pm | | | |
| 6pm | | | |
| 7pm | | | |

| Assignments | Tests | Papers | Projects |
|---|---|---|---|
| | | | |

Weekly Goals

# 14
## THURSDAY

# 15
## FRIDAY

# 16
## SATURDAY

8am

9am

10am

11am

12pm

1pm

2pm

3pm

4pm

5pm

6pm

7pm

| Meetings | Dates | Fun |
|---|---|---|
| | | |

Rewards For Meeting Weekly Goals

TO DO LIST

| February 2019 | | | | | | |
|---|---|---|---|---|---|---|
| S | M | T | W | T | F | S |
| | | | | | 1 | 2 |
| 3 | 4 | 5 | 6 | 7 | 8 | 9 |
| 10 | 11 | 12 | 13 | 14 | 15 | 16 |
| 17 | 18 | 19 | 20 | 21 | 22 | 23 |
| 24 | 25 | 26 | 27 | 28 | | |

| 17 | 18 | 19 | 20 |
|---|---|---|---|
| SUNDAY | MONDAY | TUESDAY | WEDNESDAY |

| | | | |
|---|---|---|---|
| 8am | | | |
| 9am | | | |
| 10am | | | |
| 11am | | | |
| 12pm | | | |
| 1pm | | | |
| 2pm | | | |
| 3pm | | | |
| 4pm | | | |
| 5pm | | | |
| 6pm | | | |
| 7pm | | | |

| Assignments | Tests | Papers | Projects |
|---|---|---|---|
| | | | |

Weekly Goals

| 21 | 22 | 23 | February |
|---|---|---|---|

**2019**

**TO DO LIST**

8am

9am

10am

11am

12pm

1pm

2pm

3pm

4pm

5pm

6pm

7pm

Meetings

Dates

Fun

Rewards For Meeting Weekly Goals

### February 2019

| S | M | T | W | T | F | S |
|---|---|---|---|---|---|---|
|  |  |  |  |  | 1 | 2 |
| 3 | 4 | 5 | 6 | 7 | 8 | 9 |
| 10 | 11 | 12 | 13 | 14 | 15 | 16 |
| 17 | 18 | 19 | 20 | 21 | 22 | 23 |
| 24 | 25 | 26 | 27 | 28 |  |  |

| 24 | 25 | 26 | 27 |
|---|---|---|---|
| **SUNDAY** | **MONDAY** | **TUESDAY** | **WEDNESDAY** |

| SUNDAY | MONDAY | TUESDAY | WEDNESDAY |
|---|---|---|---|
| 8am | | | |
| 9am | | | |
| 10am | | | |
| 11am | | | |
| 12pm | | | |
| 1pm | | | |
| 2pm | | | |
| 3pm | | | |
| 4pm | | | |
| 5pm | | | |
| 6pm | | | |
| 7pm | | | |

| Assignments | Tests | Papers | Projects |
|---|---|---|---|
| | | | |

Weekly Goals

# February

# 2019

**TO DO LIST**

| THURSDAY | FRIDAY | SATURDAY | |
|---|---|---|---|
| | | | 8am |
| | | | 9am |
| | | | 10am |
| | | | 11am |
| | | | 12pm |
| | | | 1pm |
| | | | 2pm |
| | | | 3pm |
| | | | 4pm |
| | | | 5pm |
| | | | 6pm |
| | | | 7pm |

Meetings

Dates

Fun

Rewards For Meeting Weekly Goals

## February 2019

| S | M | T | W | T | F | S |
|---|---|---|---|---|---|---|
| | | | | | 1 | 2 |
| 3 | 4 | 5 | 6 | 7 | 8 | 9 |
| 10 | 11 | 12 | 13 | 14 | 15 | 16 |
| 17 | 18 | 19 | 20 | 21 | 22 | 23 |
| 24 | 25 | 26 | 27 | 28 | | |

| SUNDAY | MONDAY | TUESDAY | WEDNESDAY |
|---|---|---|---|
| | | | |
| 3 | 4 | 5 | 6 |
| 10 | 11 | 12 | 13 |
| 17 | 18 | 19 | 20 |
| 24 / 31 | 25 | 26 | 27 |

| THURSDAY | FRIDAY | SATURDAY |
|---|---|---|
|  | 1 | 2 |
| 7 | 8 | 9 |
| 14 | 15 | 16 |
| 21 | 22 | 23 |
| 28 | 29 | 30 |

# March
# 2019

## EVENTS

## GOALS

### March 2019

| S | M | T | W | T | F | S |
|---|---|---|---|---|---|---|
|  |  |  |  |  | 1 | 2 |
| 3 | 4 | 5 | 6 | 7 | 8 | 9 |
| 10 | 11 | 12 | 13 | 14 | 15 | 16 |
| 17 | 18 | 19 | 20 | 21 | 22 | 23 |
| 24 | 25 | 26 | 27 | 28 | 29 | 30 |
| 31 |  |  |  |  |  |  |

| SUNDAY | MONDAY | TUESDAY | WEDNESDAY |
|--------|--------|---------|-----------|
| 8am | | | |
| 9am | | | |
| 10am | | | |
| 11am | | | |
| 12pm | | | |
| 1pm | | | |
| 2pm | | | |
| 3pm | | | |
| 4pm | | | |
| 5pm | | | |
| 6pm | | | |
| 7pm | | | |

| Assignments | Tests | Papers | Projects |
|-------------|-------|--------|----------|
| | | | |

Weekly Goals

# 1     2     March 2019

| THURSDAY | FRIDAY | SATURDAY |
|---|---|---|

8am

9am

10am

11am

12pm

1pm

2pm

3pm

4pm

5pm

6pm

7pm

Meetings

Dates

Fun

Rewards For Meeting Weekly Goals

| March 2019 | | | | | | |
|---|---|---|---|---|---|---|
| S | M | T | W | T | F | S |
|  |  |  |  |  | 1 | 2 |
| 3 | 4 | 5 | 6 | 7 | 8 | 9 |
| 10 | 11 | 12 | 13 | 14 | 15 | 16 |
| 17 | 18 | 19 | 20 | 21 | 22 | 23 |
| 24 | 25 | 26 | 27 | 28 | 29 | 30 |
| 31 |  |  |  |  |  |  |

| 3 | 4 | 5 | 6 |
|---|---|---|---|
| SUNDAY | MONDAY | TUESDAY | WEDNESDAY |

8am

9am

10am

11am

12pm

1pm

2pm

3pm

4pm

5pm

6pm

7pm

Assignments

Tests

Papers

Projects

Weekly Goals

# 7

## THURSDAY

# 8

## FRIDAY

# 9

## SATURDAY

8am

9am

10am

11am

12pm

1pm

2pm

3pm

4pm

5pm

6pm

7pm

Meetings

Dates

Fun

Rewards For Meeting Weekly Goals

## March
# 2019

**TO DO LIST**

### March 2019

| S | M | T | W | T | F | S |
|---|---|---|---|---|---|---|
|   |   |   |   |   | 1 | 2 |
| 3 | 4 | 5 | 6 | 7 | 8 | 9 |
| 10 | 11 | 12 | 13 | 14 | 15 | 16 |
| 17 | 18 | 19 | 20 | 21 | 22 | 23 |
| 24 | 25 | 26 | 27 | 28 | 29 | 30 |
| 31 |   |   |   |   |   |   |

| 10 | 11 | 12 | 13 |
|---|---|---|---|
| SUNDAY | MONDAY | TUESDAY | WEDNESDAY |

8am

9am

10am

11am

12pm

1pm

2pm

3pm

4pm

5pm

6pm

7pm

| Assignments | Tests | Papers | Projects |
|---|---|---|---|

Weekly Goals

# 14
## THURSDAY

# 15
## FRIDAY

# 16
## SATURDAY

8am

**TO DO LIST**

9am

10am

11am

12pm

1pm

2pm

3pm

4pm

5pm

6pm

7pm

Meetings

Dates

Fun

Rewards For Meeting Weekly Goals

| March 2019 | | | | | | |
|---|---|---|---|---|---|---|
| S | M | T | W | T | F | S |
|  |  |  |  |  | 1 | 2 |
| 3 | 4 | 5 | 6 | 7 | 8 | 9 |
| 10 | 11 | 12 | 13 | 14 | 15 | 16 |
| 17 | 18 | 19 | 20 | 21 | 22 | 23 |
| 24 | 25 | 26 | 27 | 28 | 29 | 30 |
| 31 |  |  |  |  |  |  |

| 17 | 18 | 19 | 20 |
|---|---|---|---|
| **SUNDAY** | **MONDAY** | **TUESDAY** | **WEDNESDAY** |

8am

9am

10am

11am

12pm

1pm

2pm

3pm

4pm

5pm

6pm

7pm

| Assignments | Tests | Papers | Projects |
|---|---|---|---|

Weekly Goals

# 21

# 22

# 23

## March
## 2019

8am

9am

**TO DO LIST**

10am

11am

12pm

1pm

2pm

3pm

4pm

5pm

6pm

7pm

Meetings

Dates

Fun

Rewards For Meeting Weekly Goals

| March 2019 | | | | | | |
|---|---|---|---|---|---|---|
| S | M | T | W | T | F | S |
|  |  |  |  |  | 1 | 2 |
| 3 | 4 | 5 | 6 | 7 | 8 | 9 |
| 10 | 11 | 12 | 13 | 14 | 15 | 16 |
| 17 | 18 | 19 | 20 | 21 | 22 | 23 |
| 24 | 25 | 26 | 27 | 28 | 29 | 30 |
| 31 |  |  |  |  |  |  |

| 24 | 25 | 26 | 27 |
|---|---|---|---|
| SUNDAY | MONDAY | TUESDAY | WEDNESDAY |

| | | | |
|---|---|---|---|
| 8am | | | |
| 9am | | | |
| 10am | | | |
| 11am | | | |
| 12pm | | | |
| 1pm | | | |
| 2pm | | | |
| 3pm | | | |
| 4pm | | | |
| 5pm | | | |
| 6pm | | | |
| 7pm | | | |

| Assignments | Tests | Papers | Projects |
|---|---|---|---|
| | | | |

Weekly Goals

## 28

## 29

## 30

# March
# 2019

8am

9am

**TO DO LIST**

10am

11am

12pm

1pm

2pm

3pm

4pm

5pm

6pm

7pm

Meetings

Dates

Fun

Rewards For Meeting Weekly Goals

### March 2019

| S | M | T | W | T | F | S |
|---|---|---|---|---|---|---|
|   |   |   |   |   | 1 | 2 |
| 3 | 4 | 5 | 6 | 7 | 8 | 9 |
| 10 | 11 | 12 | 13 | 14 | 15 | 16 |
| 17 | 18 | 19 | 20 | 21 | 22 | 23 |
| 24 | 25 | 26 | 27 | 28 | 29 | 30 |
| 31 |   |   |   |   |   |   |

| SUNDAY | MONDAY | TUESDAY | WEDNESDAY |
|--------|--------|---------|-----------|
|        | 1      | 2       | 3         |
| 7      | 8      | 9       | 10        |
| 14     | 15     | 16      | 17        |
| 21     | 22     | 23      | 24        |
| 28     | 29     | 30      |           |

| THURSDAY | FRIDAY | SATURDAY |
|---|---|---|
| 4 | 5 | 6 |
| 11 | 12 | 13 |
| 18 | 19 | 20 |
| 25 | 26 | 27 |
|  |  |  |

# April

# 2019

## EVENTS

## GOALS

### April 2019

| S | M | T | W | T | F | S |
|---|---|---|---|---|---|---|
|  | 1 | 2 | 3 | 4 | 5 | 6 |
| 7 | 8 | 9 | 10 | 11 | 12 | 13 |
| 14 | 15 | 16 | 17 | 18 | 19 | 20 |
| 21 | 22 | 23 | 24 | 25 | 26 | 27 |
| 28 | 29 | 30 |  |  |  |  |

| 31 | 1 | 2 | 3 |
|---|---|---|---|
| SUNDAY | MONDAY | TUESDAY | WEDNESDAY |

8am

9am

10am

11am

12pm

1pm

2pm

3pm

4pm

5pm

6pm

7pm

Assignments

Tests

Papers

Projects

Weekly Goals

# 4

## THURSDAY

# 5

## FRIDAY

# 6

## SATURDAY

8am

9am

**TO DO LIST**

10am

11am

12pm

1pm

2pm

3pm

4pm

5pm

6pm

7pm

| Meetings | Dates | Fun |
|---|---|---|

| April 2019 | | | | | | |
|---|---|---|---|---|---|---|
| S | M | T | W | T | F | S |
| | 1 | 2 | 3 | 4 | 5 | 6 |
| 7 | 8 | 9 | 10 | 11 | 12 | 13 |
| 14 | 15 | 16 | 17 | 18 | 19 | 20 |
| 21 | 22 | 23 | 24 | 25 | 26 | 27 |
| 28 | 29 | 30 | | | | |

Rewards For Meeting Weekly Goals

| 7 | 8 | 9 | 10 |
|---|---|---|---|
| SUNDAY | MONDAY | TUESDAY | WEDNESDAY |

8am

9am

10am

11am

12pm

1pm

2pm

3pm

4pm

5pm

6pm

7pm

| Assignments | Tests | Papers | Projects |
|---|---|---|---|

Weekly Goals

# 11
## THURSDAY

# 12
## FRIDAY

# 13
## SATURDAY

**TO DO LIST**

8am

9am

10am

11am

12pm

1pm

2pm

3pm

4pm

5pm

6pm

7pm

Meetings

Dates

Fun

Rewards For Meeting Weekly Goals

### April 2019

| S | M | T | W | T | F | S |
|---|---|---|---|---|---|---|
|   | 1 | 2 | 3 | 4 | 5 | 6 |
| 7 | 8 | 9 | 10 | 11 | 12 | 13 |
| 14 | 15 | 16 | 17 | 18 | 19 | 20 |
| 21 | 22 | 23 | 24 | 25 | 26 | 27 |
| 28 | 29 | 30 |   |   |   |   |

| 14 | 15 | 16 | 17 |
|---|---|---|---|
| SUNDAY | MONDAY | TUESDAY | WEDNESDAY |

8am

9am

10am

11am

12pm

1pm

2pm

3pm

4pm

5pm

6pm

7pm

| Assignments | Tests | Papers | Projects |
|---|---|---|---|

Weekly Goals

# 18

# 19

# 20

# April
# 2019

8am

9am

**TO DO LIST**

10am

11am

12pm

1pm

2pm

3pm

4pm

5pm

6pm

7pm

Meetings

Dates

Fun

Rewards For Meeting Weekly Goals

| April 2019 | | | | | | |
|---|---|---|---|---|---|---|
| S | M | T | W | T | F | S |
| | 1 | 2 | 3 | 4 | 5 | 6 |
| 7 | 8 | 9 | 10 | 11 | 12 | 13 |
| 14 | 15 | 16 | 17 | 18 | 19 | 20 |
| 21 | 22 | 23 | 24 | 25 | 26 | 27 |
| 28 | 29 | 30 | | | | |

| 21 | 22 | 23 | 24 |
|---|---|---|---|
| SUNDAY | MONDAY | TUESDAY | WEDNESDAY |

8am

9am

10am

11am

12pm

1pm

2pm

3pm

4pm

5pm

6pm

7pm

Assignments

Tests

Papers

Projects

Weekly Goals

# 25

## THURSDAY

# 26

## FRIDAY

# 27

## SATURDAY

# April
# 2019

**TO DO LIST**

8am

9am

10am

11am

12pm

1pm

2pm

3pm

4pm

5pm

6pm

7pm

Meetings

Dates

Fun

Rewards For Meeting Weekly Goals

## April 2019

| S | M | T | W | T | F | S |
|---|---|---|---|---|---|---|
|   | 1 | 2 | 3 | 4 | 5 | 6 |
| 7 | 8 | 9 | 10 | 11 | 12 | 13 |
| 14 | 15 | 16 | 17 | 18 | 19 | 20 |
| 21 | 22 | 23 | 24 | 25 | 26 | 27 |
| 28 | 29 | 30 |   |   |   |   |

| 28 | 29 | 30 | |
|---|---|---|---|
| **SUNDAY** | **MONDAY** | **TUESDAY** | **WEDNESDAY** |

8am

9am

10am

11am

12pm

1pm

2pm

3pm

4pm

5pm

6pm

7pm

| Assignments | Tests | Papers | Projects |
|---|---|---|---|

Weekly Goals

# April
# 2019

| THURSDAY | FRIDAY | SATURDAY |
|---|---|---|

8am

## TO DO LIST

9am

10am

11am

12pm

1pm

2pm

3pm

4pm

5pm

6pm

7pm

Meetings

Dates

Fun

Rewards For Meeting Weekly Goals

| S | M | T | W | T | F | S |
|---|---|---|---|---|---|---|
|  | 1 | 2 | 3 | 4 | 5 | 6 |
| 7 | 8 | 9 | 10 | 11 | 12 | 13 |
| 14 | 15 | 16 | 17 | 18 | 19 | 20 |
| 21 | 22 | 23 | 24 | 25 | 26 | 27 |
| 28 | 29 | 30 |  |  |  |  |

| SUNDAY | MONDAY | TUESDAY | WEDNESDAY |
|---|---|---|---|
| | | | 1 |
| 5 | 6 | 7 | 8 |
| 12 | 13 | 14 | 15 |
| 19 | 20 | 21 | 22 |
| 26 | 27 | 28 | 29 |

| THURSDAY | FRIDAY | SATURDAY |
|---|---|---|
| 2 | 3 | 4 |
| 9 | 10 | 11 |
| 16 | 17 | 18 |
| 23 | 24 | 25 |
| 30 | 31 | |

# May
# 2019

## EVENTS

## GOALS

May 2019

| S | M | T | W | T | F | S |
|---|---|---|---|---|---|---|
| | | | 1 | 2 | 3 | 4 |
| 5 | 6 | 7 | 8 | 9 | 10 | 11 |
| 12 | 13 | 14 | 15 | 16 | 17 | 18 |
| 19 | 20 | 21 | 22 | 23 | 24 | 25 |
| 26 | 27 | 28 | 29 | 30 | 31 | |

| SUNDAY | MONDAY | TUESDAY | WEDNESDAY |
|---|---|---|---|
| 8am | | | |
| 9am | | | |
| 10am | | | |
| 11am | | | |
| 12pm | | | |
| 1pm | | | |
| 2pm | | | |
| 3pm | | | |
| 4pm | | | |
| 5pm | | | |
| 6pm | | | |
| 7pm | | | |

| Assignments | Tests | Papers | Projects |
|---|---|---|---|
| | | | |

Weekly Goals

# 2

## THURSDAY

---

# 3

## FRIDAY

---

# 4

## SATURDAY

8am

9am

10am

11am

12pm

1pm

2pm

3pm

4pm

5pm

6pm

7pm

---

# May
# 2019

## TO DO LIST

---

Meetings

Dates

Fun

Rewards For Meeting Weekly Goals

### May 2019

| S | M | T | W | T | F | S |
|---|---|---|---|---|---|---|
|   |   |   | 1 | 2 | 3 | 4 |
| 5 | 6 | 7 | 8 | 9 | 10 | 11 |
| 12 | 13 | 14 | 15 | 16 | 17 | 18 |
| 19 | 20 | 21 | 22 | 23 | 24 | 25 |
| 26 | 27 | 28 | 29 | 30 | 31 |   |

| 5 | 6 | 7 | 8 |
|---|---|---|---|
| SUNDAY | MONDAY | TUESDAY | WEDNESDAY |

| SUNDAY |
|--------|
| 8am |
| 9am |
| 10am |
| 11am |
| 12pm |
| 1pm |
| 2pm |
| 3pm |
| 4pm |
| 5pm |
| 6pm |
| 7pm |

| Assignments | Tests | Papers | Projects |
|-------------|-------|--------|----------|

Weekly Goals

# 9

# 10

# 11

## May
## 2019

8am

9am

**TO DO LIST**

10am

11am

12pm

1pm

2pm

3pm

4pm

5pm

6pm

7pm

Meetings

Dates

Fun

Rewards For Meeting Weekly Goals

### May 2019

| S | M | T | W | T | F | S |
|---|---|---|---|---|---|---|
|   |   |   | 1 | 2 | 3 | 4 |
| 5 | 6 | 7 | 8 | 9 | 10 | 11 |
| 12 | 13 | 14 | 15 | 16 | 17 | 18 |
| 19 | 20 | 21 | 22 | 23 | 24 | 25 |
| 26 | 27 | 28 | 29 | 30 | 31 |   |

| 12 | 13 | 14 | 15 |
|---|---|---|---|
| SUNDAY | MONDAY | TUESDAY | WEDNESDAY |

8am

9am

10am

11am

12pm

1pm

2pm

3pm

4pm

5pm

6pm

7pm

| Assignments | Tests | Papers | Projects |
|---|---|---|---|

Weekly Goals

| 16 | 17 | 18 | May |
|---|---|---|---|

# 2019

| THURSDAY | FRIDAY | SATURDAY | |
|---|---|---|---|

**TO DO LIST**

8am

9am

10am

11am

12pm

1pm

2pm

3pm

4pm

5pm

6pm

7pm

Meetings

Dates

Fun

Rewards For Meeting Weekly Goals

**May 2019**

| S | M | | W | T | F | S |
|---|---|---|---|---|---|---|
| | | | 1 | 2 | 3 | 4 |
| 5 | 6 | 7 | 8 | 9 | 10 | 11 |
| 12 | 13 | 14 | 15 | 16 | 17 | 18 |
| 19 | 20 | 21 | 22 | 23 | 24 | 25 |
| 26 | 27 | 28 | 29 | 30 | 31 | |

| 19 | 20 | 21 | 22 |
|---|---|---|---|
| SUNDAY | | TUESDAY | WEDNESDAY |

| Time | | | |
|---|---|---|---|
| 8am | | | |
| 9am | | | |
| 10am | | | |
| 11am | | | |
| 12pm | | | |
| 1pm | | | |
| 2pm | | | |
| 3pm | | | |
| 4pm | | | |
| 5pm | | | |
| 6pm | | | |
| 7pm | | | |

| Assignments | Tests | Papers | Projects |
|---|---|---|---|
| | | | |

Weekly Goals

## 2019

| THURSDAY | FRIDAY | SATURDAY |
|----------|--------|----------|
| | | 8am |
| | | 9am |
| | | 10am |
| | | 11am |
| | | 12pm |
| | | 1pm |
| | | 2pm |
| | | 3pm |
| | | 4pm |
| | | 5pm |
| | | 6pm |
| | | 7pm |

**TO DO LIST**

Meetings

Dates

Fun

Rewards For Meeting Weekly Goals

### May 2019

| S | M | T | W | T | F | S |
|---|---|---|---|---|---|---|
| | | | 1 | 2 | 3 | 4 |
| 5 | 6 | 7 | 8 | 9 | 10 | 11 |
| 12 | 13 | 14 | 15 | 16 | 17 | 18 |
| 19 | 20 | 21 | 22 | 23 | 24 | 25 |
| 26 | 27 | 28 | 29 | 30 | 31 | |

| 26 | 27 | 28 | 29 |
|---|---|---|---|
| SUNDAY | MONDAY | TUESDAY | WEDNESDAY |

8am

9am

10am

11am

12pm

1pm

2pm

3pm

4pm

5pm

6pm

7pm

| Assignments | Tests | Papers | Projects |
|---|---|---|---|

Weekly Goals

# 30
# 31
# May
# 2019

|  |  | 8am |
|  |  | 9am |
|  |  | 10am |
|  |  | 11am |
|  |  | 12pm |
|  |  | 1pm |
|  |  | 2pm |
|  |  | 3pm |
|  |  | 4pm |
|  |  | 5pm |
|  |  | 6pm |
|  |  | 7pm |

**TO DO LIST**

Meetings

Dates

Fun

Rewards For Meeting Weekly Goals

## May 2019

| S | M | T | W | T | F | S |
|---|---|---|---|---|---|---|
|  |  |  | 1 | 2 | 3 | 4 |
| 5 | 6 | 7 | 8 | 9 | 10 | 11 |
| 12 | 13 | 14 | 15 | 16 | 17 | 18 |
| 19 | 20 | 21 | 22 | 23 | 24 | 25 |
| 26 | 27 | 28 | 29 | 30 | 31 |  |

2

| THURSDAY | FRIDAY | SATURDAY | June |
|---|---|---|---|
| | | 1 | **2019** |
| | | | EVENTS |
| 6 | 7 | 8 | |
| 13 | 14 | 15 | GOALS |
| 20 | 21 | 22 | |
| 27 | 28 | 29 | |

**June 2019**

| S | M | T | W | T | F | S |
|---|---|---|---|---|---|---|
| | | | | | | 1 |
| 2 | 3 | 4 | 5 | 6 | 7 | 8 |
| 9 | 10 | 11 | 12 | 13 | 14 | 15 |
| 16 | 17 | 18 | 19 | 20 | 21 | 22 |
| 23 | 24 | 25 | 26 | 27 | 28 | 29 |
| 30 | | | | | | |

| SUNDAY | MONDAY | TUESDAY | WEDNESDAY |
|---|---|---|---|
| 8am | | | |
| 9am | | | |
| 10am | | | |
| 11am | | | |
| 12pm | | | |
| 1pm | | | |
| 2pm | | | |
| 3pm | | | |
| 4pm | | | |
| 5pm | | | |
| 6pm | | | |
| 7pm | | | |
| Assignments | Tests | Papers | Projects |

Weekly Goals

# 1

# June

# 2019

| THURSDAY | FRIDAY | SATURDAY | |
|---|---|---|---|
| | | | 8am |
| | | | 9am |
| | | | 10am |
| | | | 11am |
| | | | 12pm |
| | | | 1pm |
| | | | 2pm |
| | | | 3pm |
| | | | 4pm |
| | | | 5pm |
| | | | 6pm |
| | | | 7pm |

**TO DO LIST**

Meetings

Dates

Fun

Rewards For Meeting Weekly Goals

## June 2019

| S | M | T | W | T | F | S |
|---|---|---|---|---|---|---|
| | | | | | | 1 |
| 2 | 3 | 4 | 5 | 6 | 7 | 8 |
| 9 | 10 | 11 | 12 | 13 | 14 | 15 |
| 16 | 17 | 18 | 19 | 20 | 21 | 22 |
| 23 | 24 | 25 | 26 | 27 | 28 | 29 |
| 30 | | | | | | |

| 2 | 3 | 4 | 5 |
|---|---|---|---|
| **SUNDAY** | **MONDAY** | **TUESDAY** | **WEDNESDAY** |

8am

9am

10am

11am

12pm

1pm

2pm

3pm

4pm

5pm

6pm

7pm

| Assignments | Tests | Papers | Projects |
|---|---|---|---|

Weekly Goals

## 6

## 7

## 8

## June
# 2019

**TO DO LIST**

8am

9am

10am

11am

12pm

1pm

2pm

3pm

4pm

5pm

6pm

7pm

Meetings

Dates

Fun

Rewards For Meeting Weekly Goals

| | | June 2019 | | | | |
|---|---|---|---|---|---|---|
| S | M | T | W | T | F | S |
| | | | | | | 1 |
| 2 | 3 | 4 | 5 | 6 | 7 | 8 |
| 9 | 10 | 11 | 12 | 13 | 14 | 15 |
| 16 | 17 | 18 | 19 | 20 | 21 | 22 |
| 23 | 24 | 25 | 26 | 27 | 28 | 29 |
| 30 | | | | | | |

| 9 | 10 | 11 | 12 |
|---|---|---|---|
| SUNDAY | MONDAY | TUESDAY | WEDNESDAY |

| SUNDAY |
|---|
| 8am |
| 9am |
| 10am |
| 11am |
| 12pm |
| 1pm |
| 2pm |
| 3pm |
| 4pm |
| 5pm |
| 6pm |
| 7pm |

| Assignments | Tests | Papers | Projects |
|---|---|---|---|

Weekly Goals

## 13

## 14

## 15

# June
# 2019

8am

9am

**TO DO LIST**

10am

11am

12pm

1pm

2pm

3pm

4pm

5pm

6pm

7pm

Meetings

Dates

Fun

June 2019

| S | M | T | W | T | F | S |
|---|---|---|---|---|---|---|
|   |   |   |   |   |   | 1 |
| 2 | 3 | 4 | 5 | 6 | 7 | 8 |
| 9 | 10 | 11 | 12 | 13 | 14 | 15 |
| 16 | 17 | 18 | 19 | 20 | 21 | 22 |
| 23 | 24 | 25 | 26 | 27 | 28 | 29 |
| 30 |   |   |   |   |   |   |

Rewards For Meeting Weekly Goals

| 16 | 17 | 18 | 19 |
|---|---|---|---|
| SUNDAY | MONDAY | TUESDAY | WEDNESDAY |

| | SUNDAY | MONDAY | TUESDAY | WEDNESDAY |
|---|---|---|---|---|
| 8am | | | |
| 9am | | | |
| 10am | | | |
| 11am | | | |
| 12pm | | | |
| 1pm | | | |
| 2pm | | | |
| 3pm | | | |
| 4pm | | | |
| 5pm | | | |
| 6pm | | | |
| 7pm | | | |

| Assignments | Tests | Papers | Projects |
|---|---|---|---|
| | | | |

Weekly Goals

## 20
THURSDAY

## 21
FRIDAY

## 22
SATURDAY

# June
# 2019

8am

9am

**TO DO LIST**

10am

11am

12pm

1pm

2pm

3pm

4pm

5pm

6pm

7pm

Meetings

Dates

Fun

Rewards For Meeting Weekly Goals

| | | June 2019 | | | | |
|---|---|---|---|---|---|---|
| S | M | T | W | T | F | S |
| | | | | | | 1 |
| 2 | 3 | 4 | 5 | 6 | 7 | 8 |
| 9 | 10 | 11 | 12 | 13 | 14 | 15 |
| 16 | 17 | 18 | 19 | 20 | 21 | 22 |
| 23 | 24 | 25 | 26 | 27 | 28 | 29 |
| 30 | | | | | | |

|  | 23 | 24 | 25 | 26 |
|---|---|---|---|---|
|  | **SUNDAY** | **MONDAY** | **TUESDAY** | **WEDNESDAY** |

| Time | | | | |
|---|---|---|---|---|
| 8am | | | | |
| 9am | | | | |
| 10am | | | | |
| 11am | | | | |
| 12pm | | | | |
| 1pm | | | | |
| 2pm | | | | |
| 3pm | | | | |
| 4pm | | | | |
| 5pm | | | | |
| 6pm | | | | |
| 7pm | | | | |

| Assignments | Tests | Papers | Projects |
|---|---|---|---|
| | | | |

Weekly Goals

# June
## 2019

| | | |
|---|---|---|
| THURSDAY | FRIDAY | SATURDAY |

| | | | |
|---|---|---|---|
| | | | 8am |
| | | | 9am |
| | | | 10am |
| | | | 11am |
| | | | 12pm |
| | | | 1pm |
| | | | 2pm |
| | | | 3pm |
| | | | 4pm |
| | | | 5pm |
| | | | 6pm |
| | | | 7pm |

**TO DO LIST**

| Meetings | Dates | Fun |
|---|---|---|
| | | |

Rewards For Meeting Weekly Goals

| | | | June 2019 | | | |
|---|---|---|---|---|---|---|
| S | M | T | W | T | F | S |
| | | | | | | 1 |
| 2 | 3 | 4 | 5 | 6 | 7 | 8 |
| 9 | 10 | 11 | 12 | 13 | 14 | 15 |
| 16 | 17 | 18 | 19 | 20 | 21 | 22 |
| 23 | 24 | 25 | 26 | 27 | 28 | 29 |
| 30 | | | | | | |

| SUNDAY | MONDAY | TUESDAY | WEDNESDAY |
|---|---|---|---|
| | 1 | 2 | 3 |
| 7 | 8 | 9 | 10 |
| 14 | 15 | 16 | 17 |
| 21 | 22 | 23 | 24 |
| 28 | 29 | 30 | 31 |

| THURSDAY | FRIDAY | SATURDAY |
|---|---|---|
| 4 | 5 | 6 |
| 11 | 12 | 13 |
| 18 | 19 | 20 |
| 25 | 26 | 27 |
| | | |

# July
# 2019

## EVENTS

_____
_____
_____
_____
_____
_____

## GOALS

_____
_____
_____
_____
_____
_____
_____
_____

### July 2019

| S | M | T | W | T | F | S |
|---|---|---|---|---|---|---|
| | 1 | 2 | 3 | 4 | 5 | 6 |
| 7 | 8 | 9 | 10 | 11 | 7 | 8 |
| 14 | 15 | 16 | 17 | 18 | 14 | 15 |
| 21 | 22 | 23 | 24 | 25 | 26 | 27 |
| 28 | 29 | 30 | 31 | | | |

| 30 | 1 | 2 | 3 |
|---|---|---|---|
| SUNDAY | MONDAY | TUESDAY | WEDNESDAY |

8am

9am

10am

11am

12pm

1pm

2pm

3pm

4pm

5pm

6pm

7pm

| Assignments | Tests | Papers | Projects |
|---|---|---|---|

Weekly Goals

# 4

# 5

# 6

## June/ July
# 2019

8am

9am

10am

11am

12pm

1pm

2pm

3pm

4pm

5pm

6pm

7pm

**TO DO LIST**

Meetings

Dates

Fun

Rewards For Meeting Weekly Goals

| | | July 2019 | | | | |
|---|---|---|---|---|---|---|
| S | M | T | W | T | F | S |
| | 1 | 2 | 3 | 4 | 5 | 6 |
| 7 | 8 | 9 | 10 | 11 | 7 | 8 |
| 14 | 15 | 16 | 17 | 18 | 14 | 15 |
| 21 | 22 | 23 | 24 | 25 | 26 | 27 |
| 28 | 29 | 30 | 31 | | | |

| 7 | 8 | 9 | 10 |
|---|---|---|---|
| SUNDAY | MONDAY | TUESDAY | WEDNESDAY |

8am

9am

10am

11am

12pm

1pm

2pm

3pm

4pm

5pm

6pm

7pm

| Assignments | Tests | Papers | Projects |
|---|---|---|---|

Weekly Goals

# 11

# 12

# 13

## July
## 2019

8am

9am

**TO DO LIST**

10am

11am

12pm

1pm

2pm

3pm

4pm

5pm

6pm

7pm

Meetings

Dates

Fun

Rewards For Meeting Weekly Goals

| | | | July 2019 | | | |
|---|---|---|---|---|---|---|
| S | M | T | W | T | F | S |
| | 1 | 2 | 3 | 4 | 5 | 6 |
| 7 | 8 | 9 | 10 | 11 | 7 | 8 |
| 14 | 15 | 16 | 17 | 13 | 14 | 15 |
| 21 | 22 | 23 | 24 | 25 | 26 | 27 |
| 28 | 29 | 30 | 31 | | | |

| 14 | 15 | 16 | 17 |
|---|---|---|---|
| **SUNDAY** | **MONDAY** | **TUESDAY** | **WEDNESDAY** |

| | SUNDAY | MONDAY | TUESDAY | WEDNESDAY |
|---|---|---|---|---|
| 8am | | | |
| 9am | | | |
| 10am | | | |
| 11am | | | |
| 12pm | | | |
| 1pm | | | |
| 2pm | | | |
| 3pm | | | |
| 4pm | | | |
| 5pm | | | |
| 6pm | | | |
| 7pm | | | |

| Assignments | Tests | Papers | Projects |
|---|---|---|---|
| | | | |

Weekly Goals

## 18
### THURSDAY

## 19
### FRIDAY

## 20
### SATURDAY

July
# 2019

**TO DO LIST**

8am

9am

10am

11am

12pm

1pm

2pm

3pm

4pm

5pm

6pm

7pm

Meetings

Dates

Fun

Rewards For Meeting Weekly Goals

### July 2019

| S | M | T | W | T | F | S |
|---|---|---|---|---|---|---|
|   | 1 | 2 | 3 | 4 | 5 | 6 |
| 7 | 8 | 9 | 10 | 11 | 12 | 13 |
| 14 | 15 | 16 | 17 | 18 | 19 | 20 |
| 21 | 22 | 23 | 24 | 25 | 26 | 27 |
| 28 | 29 | 30 | 31 |   |   |   |

| 21 | 22 | 23 | 24 |
|---|---|---|---|
| SUNDAY | MONDAY | TUESDAY | WEDNESDAY |

8am

9am

10am

11am

12pm

1pm

2pm

3pm

4pm

5pm

6pm

7pm

| Assignments | Tests | Papers | Projects |
|---|---|---|---|

Weekly Goals

## 25

## 26

## 27

July
# 2019

8am

9am

**TO DO LIST**

10am

11am

12pm

1pm

2pm

3pm

4pm

5pm

6pm

7pm

Meetings

Dates

Fun

### July 2019

| S | M | T | W | T | F | S |
|---|---|---|---|---|---|---|
| | 1 | 2 | 3 | 4 | 5 | 6 |
| 7 | 8 | 9 | 10 | 11 | 7 | 8 |
| 14 | 15 | 16 | 17 | 18 | 14 | 15 |
| 21 | 22 | 23 | 24 | 25 | 26 | 27 |
| 28 | 29 | 30 | 31 | | | |

Rewards For Meeting Weekly Goals

| 28 | 29 | 30 | 31 |
|---|---|---|---|
| SUNDAY | MONDAY | TUESDAY | WEDNESDAY |

8am

9am

10am

11am

12pm

1pm

2pm

3pm

4pm

5pm

6pm

7pm

| Assignments | Tests | Papers | Projects |
|---|---|---|---|

Weekly Goals

| THURSDAY | FRIDAY | SATURDAY |
|----------|--------|----------|

# July
# 2019

**TO DO LIST**

8am

9am

10am

11am

12pm

1pm

2pm

3pm

4pm

5pm

6pm

7pm

Meetings

Dates

Fun

Rewards For Meeting Weekly Goals

### July 2019

| S | M | T | W | T | F | S |
|---|---|---|---|---|---|---|
|   | 1 | 2 | 3 | 4 | 5 | 6 |
| 7 | 8 | 9 | 10 | 11 | 7 | 8 |
| 14 | 15 | 16 | 17 | 18 | 14 | 15 |
| 21 | 22 | 23 | 24 | 25 | 26 | 27 |
| 28 | 29 | 30 | 31 |   |   |   |

# NOTES

# NOTES

Made in the USA
Middletown, DE
28 August 2018